AF441424